Rituales cósmicos

**Una guía astrológica para el bienestar,
el autocuidado y el pensamiento positivo**

ALISON DAVIES

Ilustraciones: Eleanor Hardiman

EDICIONES OBELISCO

Vive tu mejor vida 4

Sintoniza con tu
energía cósmica 126

Vive tu mejor vida

Observa el cielo en una noche despejada y verás las estrellas brillar. No pueden evitar desatar su brillo, dispuestas como están en un conjunto de gloriosas constelaciones. Los antiguos babilonios fueron los primeros en trazar la trayectoria del Sol y dividirlo en los doce signos del zodíaco, pero todas las antiguas civilizaciones han mirado las estrellas y satélites en busca de inspiración. Los patrones y símbolos que se veían se convirtieron en protagonistas del cielo nocturno y, como si de la mayor obra de teatro se tratara, estos desarrollaron atributos y rasgos que se acabaron asociando a cada signo.

El hecho de que seas un exuberante Leo o una encantadora Libra depende de la posición del Sol con respecto a la Tierra el día de tu nacimiento. Los astrólogos creen que esto dicta los rasgos de personalidad y los talentos con los que estás dotado. La posición de los planetas influye en otros aspectos, como en tu apariencia física y tu personalidad. Conocer y comprender tus fortalezas puede ayudarte a aprovechar tu poder para lograr paz mental y bienestar, y así realmente poder dejar tu huella en el mundo.

No existe una fórmula única para el autocuidado, pero tu signo zodiacal te puede proporcionar un modelo con el que trabajar. Trabajar con tu tipo de personalidad puede ayudarte a encontrar el mejor plan de cuidado de ti mismo, uno que se adapte bien y complemente tus superpoderes astrológicos.

Si eres fan de todo lo cósmico, un lector habitual de los signos del zodíaco o simplemente estás interesado de algún modo en el autocuidado, este libro te da toda la información sobre cómo vivir tu mejor vida, según tu signo del zodíaco. Aquí encontrarás de todo: desde consejos y sugerencias sobre bienestar, fitoterapia y métodos de relajación, hasta momentos de atención plena (*mindfulness*) y técnicas para que sentirte con energía y preparado para cualquier cosa.

Cuando sigues las tendencias sugeridas por tu constitución astrológica, trabajas tus puntos fuertes y alimentas tus necesidades. Sin embargo, no te limites a trabajar tu propia energía zodiacal. Hay muchos planetas diferentes en tu carta astral que afectan a tu personalidad y también puedes utilizar su energía. Ve a la página 127, en la que verás detallada la energía primaria de cada signo del zodíaco, y comprueba cómo puedes ampliar tus rituales para captar otras energías zodiacales. De este modo, si el sensible Cáncer busca sentirse más arraigado, dirígete a los rituales de Capricornio; o si el audaz Leo ha estado haciendo demasiado ruido, Libra pueda quizá ayudarte con eso.

Haz lo que te apetezca y diviértete. ¡No hay mejor manera de encontrar tu propio brillo que preguntando a las estrellas!

Aries

21 de marzo-19 de abril

Elemento
Fuego

Planeta
Marte

Estrellas de Aries
Lady Gaga (28 de marzo)
Heath Ledger (4 de abril)
Billie Holiday (7 de abril)

Mantra
«En cada día encuentro
momentos de quietud»

La esencia de Aries

¡Armado y listo para partir! El tiempo es oro para Aries, sobre todo cuando tiene un objetivo en mente. Eres un signo de fuego y eso significa que eres apasionado y estás motivado. No tienes miedo de asumir responsabilidades y defender lo que crees que es lo correcto, lo cual te convierte en un buen líder, mientras que tu personalidad alegre te convierte en un amigo popular. Sin embargo, tienes altibajos. Te sientes frustrado cuando las cosas no salen según lo previsto o los demás no pueden seguirte el ritmo. Verte obligado a bajar el ritmo te ofrece un impulso muy necesario. ¡Consigue el equilibrio adecuado y el mundo será tuyo!

Tu plan de autocuidado

Tus rituales y técnicas se adaptan a tus fortalezas y encajan de forma natural en tus rutinas diarias. Necesitas la energía necesaria para seguir a la delantera, y técnicas que te indican el camino cuando te has ido demasiado lejos, demasiado rápido. Encontrar ese equilibrio es esencial para este primer signo del zodíaco.

Ritual matutino para levantarte resplandeciente

- Ponte de pie descalza y deja caer tu peso sobre las rodillas.
- Siente cómo las plantas de tus pies se conectan con el suelo e imagina que de cada pie crecen pequeñas raíces. Imagínatelas hundiéndose bajo el suelo, anclándote a la Tierra.
- Te sientes fuerte, estable y relajada.
- Agáchate tanto como puedas mientras te resulte cómodo y, a continuación, empuja tu cuerpo desde las plantas de tus pies hacia arriba, hasta quedar recto de nuevo.
- Respira hondo y absorbe la energía de la Tierra.

Prescripción de cristales

El día nunca tiene suficientes horas. Aunque disfrutes del ajetreo, bajar el ritmo y encontrar la calma interior te ayudará a tener una visión global y a conseguir más cosas en tu día a día. Tomarte un tiempo y utilizar cristales con una energía amorosa y edificante te ayudará a adquirir la paciencia que te falta, a sentirte más relajado y a fomentar en ti la empatía.

Amatista

La energía reconfortante de esta piedra calma a la mente agitada y elimina el desorden en ella, por lo que es perfecta para quienes desean ser más intuitivos.

Colócala en el trabajo o en tu despacho en casa para fomentar la paz y la claridad de espíritu.

Angelita

Debido a su energía tierna y ligera, la angelita fomenta la compasión para ayudarte a conectar con los demás más profundamente.

Suaviza la energía de tu corazón sosteniendo la angelita en el centro de tu pecho durante unos minutos cada día.

Rutina antiestrés diaria

Lunes
Libera la energía acumulada dando saltos rectos o de estrella en el mismo lugar durante un minuto.

Martes
Abraza a tu mascota para cambiar tu ceño por una sonrisa, bajar el ritmo cardíaco y estimular tus hormonas de la felicidad. ¿No tienes mascota? Saca a pasear al perro del vecino o cuida el gato de un amigo.

Miércoles
Relaja tu respiración contando la duración de cada inhalación y añade un segundo extra a cada una de ellas. Hazlo un par de minutos para sentirte relajada y con más energía.

Jueves
Pon tu canción favorita y cántala a todo pulmón, volcando toda tu frustración en cada nota.

Viernes
Dile a tus seres queridos cuánto significan para ti: te hará sentir mejor al instante.

Sábado
Da las gracias al universo por cinco cosas por las que te sientas agradecida.

Domingo
Come siendo consciente de cada movimiento, saboreando cada bocado y visualizando cómo el alimento nutre tu cuerpo.

Ritual de amor propio para Aries

Siempre esperas lo mejor, sobre todo de ti misma, pero un poco de autocompasión también es importante.

- Acurrúcate en tu sillón favorito, en un lugar en el que nadie te moleste, y envuélvete en una mantita.

- Cierra los ojos e imagínate envuelta en algodón.

- Imagina que te rodea un abrazo amoroso. Relaja el pecho y acurrúcate en la suavidad de la manta.

- Para una relajación aún más profunda, añade unas gotas de aceite esencial de lavanda a la manta e inhala su aroma.

Meditación diaria para el equilibrio

Imagínate flotando en el océano, con tus brazos y piernas sostenidos con suavidad por las olas. El agua es cálida, reconfortante y las suaves olas rozan tu piel. La superficie brilla bajo la luz del Sol y te sientes seguro en el sereno abrazo del océano. A lo lejos, puedes ver la superficie dorada de una playa vacía. Estás completamente solo, sin interrupciones, disfrutando de la quietud. Es un lugar maravilloso donde simplemente puedes ser. No importa dónde estés ni adónde vayas. En este instante, ahora, estás exactamente donde necesitas estar. No hay necesidad de hacer nada más que respirar y disfrutar de la experiencia. Cierra los ojos y déjate llevar por la corriente.

Albahaca potenciadora para Aries

Como miembro de la familia de la menta, la albahaca aromática tiene propiedades antifúngicas y antibacterianas. Asociada al planeta Marte, es la hierba ideal para Aries, ya que ayuda a levantar el ánimo, agudizar los sentidos y limpiar la mente y el espíritu.

Para preparar un enjuague capilar de albahaca, pon a remojo un puñado de hojas de albahaca en un cazo con agua hirviendo durante unos 30 minutos. Cuélalo en una jarra y déjalo enfriar. Viértelo sobre el pelo y masajea el cuero cabelludo antes del aclarado final. El aroma y el masaje, combinados, te ayudarán a generar nuevas ideas.

Momento consciente de acción

Tomarte un respiro no es algo natural para ti, así que tenlo en cuenta cuando te desplaces de un lado a otro.

¿Vas andando al trabajo o estás de paseo? Aprovecha el tiempo para despertar tus sentidos. Fíjate en lo que te rodea, en la forma y estructura de las cosas, en los colores y en cómo estos se mezclan. Percibe esos pequeños ruidos que normalmente pasas por alto. Escucha tu respiración y cómo encaja con los demás sonidos que te rodean; fíjate en el sonido de tus pies y en el ritmo de tu caminar. Respira por la nariz y presta atención a los aromas tenues del aire que te rodea. Fíjate en el sabor del aire y en cómo te sientes al concentrarte realmente en tu respiración.

Un sueño reparador

Como persona que no para quieta, dormir no es una de tus prioridades y te apañas con el mínimo sueño posible. Pero un sueño de calidad te mantendrá a pleno rendimiento, así que aprende a relajarte correctamente antes de acostarte.

- Dale un respiro a tus dispositivos electrónicos. Apágalos al menos una hora antes de acostarte.

- Sumérgete en un baño relajante con unas gotas de aceite esencial de lavanda para ayudar a tu cuerpo a relajarse.

- Mantén tu dormitorio bien ventilado para bajar la temperatura corporal y ayudarte a dormir.

Tauro

20 de abril-20 de mayo

Elemento
Tierra

Planeta
Venus

Estrellas de Tauro
William Shakespeare (23 de abril)
Audrey Hepburn (4 de mayo)
Adele (5 de mayo)

Mantra
«Me expreso con facilidad
y confianza en mí misma»

La esencia de Tauro

Tauro tenaz: aunque subestimas tu talento, el mundo no te ve como tú te ves. Gritar tus logros a los cuatro vientos no es algo natural en ti, pero con tu talento creativo y tu carisma, siempre llamas la atención. Preocuparte por los demás es una parte importante de lo que eres y a veces eres extremadamente tolerante. La otra cara de la moneda es que, cuando te presionan, acabas explotando como un cohete. Reprimir la ira hace que un toro se sienta triste, pero tus seres más queridos son el antídoto perfecto, junto con el tiempo, claro está, que te dedicas a ti misma, tan necesario para desterrar tu estrés. Cuando estás a tope, nada puede pararte.

Tu plan de autocuidado

Tu plan se centra en liberarte del estrés para mantenerte positiva y centrada. Tiendes a aferrarte a las emociones y a dejar que se hagan grandes y pesadas, por lo que los rituales que te ayudan a expresarte y a ser creativa te empoderan. Estos ejercicios potencian tus puntos fuertes y tus habilidades, a la vez que fomentan tu paz interior. Fomentar tu autoestima te dará la confianza necesaria para hacer realidad tus sueños.

Ritual matutino para levantarte resplandeciente

- Saluda al Sol descorriendo las cortinas para que entre la luz.
- Coloca los pies firmemente apoyados en el suelo y agáchate, formando una bola.
- Inspira profundamente y despliégate lentamente hasta que estés de pie con los brazos apuntando al techo.
- Al exhalar, desplaza las manos hacia abajo en un movimiento circular, hasta que estén a ambos lados de tu cuerpo.
- Alarga la columna, echa los hombros hacia atrás y relájate.

Prescripción de cristales

El sensual Tauro está regido por el planeta Venus y, por eso, el amor está en el centro de todo lo que haces. Tanto en tus momentos de amor propio como en los momentos en los que te acurrucas con alguien especial para ti, este planeta rosa proyecta su brillo por todas partes y te otorga una sensibilidad especial. Siempre decidido y a veces obstinado, necesitas cristales que te ayuden a encontrar flexibilidad y formas de expresar tus emociones.

Citrino

Conocido como el «cuarzo de los mimos», el citrino es el estímulo perfecto para aumentar la confianza y ayudarte a sentirte seguro. Está asociada a la prosperidad y responde a la necesidad de los Tauro de abundancia... ¡así que con ella siempre saldrás ganando!

Sujeta el cristal con ambas manos e imagina que te envuelve la energía dorada de la piedra.

Turquesa

Tauro rige la garganta y esta colorida piedra está asociada al chakra de la garganta, por lo que te ayuda a expresarte y a encender tu chispa creativa.

Llévalo como colgante durante todo el día.

Rutina antiestrés diaria

Lunes
Piérdete entre las páginas de un libro; es una forma estupenda de evadirte y tomarte un merecido descanso.

Martes
Pon tu canción favorita y baila por el salón, sacudiendo y dejando ir todas las tensiones.

Miércoles
Coge una hoja de papel en blanco y un lápiz y da rienda suelta a tu imaginación. Ya sea con poesía o algo de dibujo, simplemente disfruta siendo creativa de alguna manera.

Jueves
Como signo de tierra, una excursión al campo o un paseo por el parque te levantan el ánimo al instante. Sé consciente mientras exploras; pon en marcha todos tus sentidos y conecta con el paisaje.

Viernes
Huele un limón o quema una vela con aroma a cítricos. La fragancia fresca y picante enciende tu naturaleza sensual de Tauro y te aporta claridad.

Sábado
Cultiva tu lado creativo y tu amor por la comida horneando un pastel. No tengas prisa, ¡disfruta!

Domingo
Date un minitratamiento facial con tu crema hidratante favorita y dedica tiempo y cuidado a masajearla en tu piel.

Ritual de amor propio para Tauro

Es hora de dejar de dudar de ti misma y de empezar a verte como te ven los demás.

- Ponte delante del espejo y mírate a los ojos.

- Sostén la mirada y admira la belleza de tu rostro.

- Sonríe y observa cómo se iluminan tus facciones.

- Reconoce que eres absolutamente única y hermosa, tal y como eres.

- Di: «Me quiero tal como soy».

- Dilo con sentimiento y confianza y repítelo hasta que lo sientas de verdad.

Meditación diaria empoderadora

Imagínate ante un grupo de árboles. Sus ramas se trenzan en nudos que parecen alcanzar el cielo, formando un dosel encima de tu cabeza. El Sol brilla a través de las ramas, haciendo bailar hilos de luz sobre el suelo del bosque. Caminas hacia delante y pones las manos en la corteza del tronco más cercano. La madera es áspera y las crestas se clavan en las palmas de las manos. Inspiras y sientes la energía del árbol. Espiras y sientes cómo las plantas de los pies se hunden en la tierra. Te das la vuelta, apoyas la espalda en el tronco y sientes un suave tirón a lo largo de tu columna vertebral. Es como si estuvieras creciendo, hacia arriba, como un arbolito que busca el aire y la luz del Sol. Inspira y siente tu energía, espira y siente tu fuerza.

Tomillo calmante para Tauro

El tomillo es una hierba con múltiples usos y fácil de cultivar en una maceta o en el jardín. Su aroma levanta el ánimo y suele usarse en tinturas para fomentar el pensamiento positivo. Debido a que está lleno de vitamina C, mejora el sistema inmunitario y favorece la digestión.

Para preparar una relajante taza de té de tomillo, hierve a fuego lento un puñado de ramitas de tomillo fresco en un cazo con agua hirviendo durante unos diez minutos. Cuela la mezcla en una taza, añade una cucharada de miel y disfruta.

Momento consciente de mimos

Tomarse un largo descanso en la bañera es la forma perfecta de reavivar el ánimo.

Prepárate un baño y añade un par de gotas de aceite esencial de geranio, que ayuda a equilibrar las emociones. Relájate y sumérgete en las burbujas. Cierra los ojos y tómate un momento para inhalar el suave aroma y dejar que te infunda energía positiva. Siente el movimiento del agua sobre tu piel. Observa cómo el calor relaja tus músculos. Presta atención a tu respiración, a la suavidad de tu pecho. Deja que cualquier pensamiento o sentimiento fluya por tu mente. Vive el momento y disfruta de la experiencia.

Un sueño reparador

El estrés al que te aferras puede resurgir por la noche y alterar tu sueño. Aunque te quedes dormida, es posible que te despiertes preocupada de madrugada. Olvídate de las preocupaciones y desconecta del día con un ejercicio de respiración antes de acostarte.

- Sentado, cierra los ojos y coloca las manos con las palmas hacia arriba, sobre el regazo.

- Inspira profundamente e imagina que atraes la paz a través de cada mano. Siente cómo esta energía tranquilizadora llena tus pulmones, sube por tu columna vertebral y llega a tu cabeza.

- Al exhalar, imagina que todas las preocupaciones y el estrés del día se filtran por tu cuerpo, salen de las palmas de tus manos y se difunden en el aire.

- Sigues inhalando paz y exhalando estrés y con cada respiración te sientes más ligera y relajada.

Géminis

21 de mayo-20 de junio

Elemento
Aire

Planeta
Mercurio

Estrellas de Géminis
Tom Holland (1 de junio)
Marilyn Monroe (1 de junio)
Venus Williams (17 de junio)

Mantra
«La positividad fluye
allá donde va mi corazón»

La esencia de Géminis

El polifacético, vivaz y espontáneo Géminis es difícil de ubicar en una sola categoría y así es como le gusta que sea. No hay nada que te guste más que sorprender a la gente con tus conocimientos y tu talento. Desde cambios de humor erráticos hasta perder la cabeza de vez en cuando... lo que es seguro es que necesitas tiempo para ti y puede que te resulte difícil por ello mantener el equilibrio. Te encanta aprender cosas nuevas, aunque sólo sea para enseñárselas a los demás. La gente te interesa y te lanzas a hacer actividades de grupo, pero, aunque te gusta el bullicio de una vida social activa, hay una parte de ti que ansía la serenidad. Cuando reconoces tus necesidades y te dejas llevar por tu instinto, superas todos tus límites.

Tu plan de autocuidado

Necesitas equilibrar las diferentes partes de tu psique. Tu personalidad alegre, activa y siempre en movimiento suele chocar con tu lado más tranquilo, pero aquí encontrarás rituales que se adaptan a tu naturaleza cambiante y te ayudan a que ambas partes trabajen en armonía. Encontrarás: desde una solución rápida para encender tu imaginación o una técnica para calmar el cuerpo y la mente, hasta consejos de respiración para dormir y sugerencias para potenciar tu vitalidad.

Ritual matutino para levantarte resplandeciente

- Ponte bajo la ducha y cierra los ojos.
- Sube la potencia durante unos segundos y deja que el agua te golpee la parte superior de la cabeza. Mientras lo hace, visualiza una lluvia de energía recorriendo tu cuerpo.
- Expulsa el miedo, la preocupación y la confusión.
- Siente cómo el agua te refresca y te deja lista para el día que tienes por delante.

Prescripción de cristales

Ser sociable es algo natural en ti, pero a veces te cuesta trabajo. La gente espera que seas divertida y habladora y, aunque estás encantado de complacerles, sufres ataques de falta de energía. Tus piedras perfectas favorecen tus puntos fuertes y aportan equilibrio y vitalidad cuando más lo necesitas. Típico de tu signo: necesitarás diferentes cristales en diferentes momentos y debes seguir tu corazón a la hora de elegirlos.

Cianita

Esta hermosa piedra de tonos azules te ayudará a equilibrar ambos lados de tu personalidad. Tiene una energía estabilizadora y motivadora, por lo que te mantendrá en el buen camino en términos de tus objetivos profesionales.

Sujétalo con ambas manos juntas para alinear ambos lados de tu psique e inducir la calma.

Piedra de luna

Canaliza la energía de la Luna, equilibra las emociones y mantiene a raya los cambios de humor. Conviértelo en tu primera elección cuando necesites mantener una mentalidad positiva.

Colócalo debajo de la almohada para un sueño rejuvenecedor.

Rutina antiestrés diaria

Lunes
Abraza un árbol o simplemente apoya la espalda en su tronco y siente cómo te sostiene.

Martes
Piensa en un momento en el que te hayas sentido feliz y en paz. Recorre el recuerdo en tu mente, involucrando a todos tus sentidos y reviviendo las emociones.

Miércoles
Escribe una lista de las cosas que tienes que hacer y márcalas una a una a medida que las vayas cumpliendo. Así mantendrás la mente en orden y dejarás de procrastinar.

Jueves
Masajea el punto del centro de la frente con movimientos circulares para aliviar la tensión y recuperar la claridad.

Viernes
Abraza tu elemento aire y sal a pasear en un día ventoso. Colócate en un lugar expuesto, cierra los ojos y siente cómo cada ráfaga de viento te limpia y te refresca.

Sábado
Fíjate en el símbolo del Yin y el Yang y observa cómo los opuestos están en perfecto equilibrio; luego piensa en tus propias características y en cómo te convierten en un Todo perfecto.

Domingo
Visita un lugar en el que nunca hayas estado y haz fotos para luego crear un boceto del lugar.

Ritual de amor propio para Géminis

Puede que seas sociable, pero también te gustan los momentos de tranquilidad. Deleita tus sentidos y dedícate un tiempo a ti mismo con este ritual relajante.

- Enciende una vela aromática: el sándalo, el pachulí o la pimienta negra son fragancias que te ayudarán a reestablecer el equilibrio.
- Dedica unos minutos a contemplar la llama y calmar la mente.
- Cierra los ojos e inhala el aroma dulce y terroso. Deja que te envuelva como un manto de calma.
- Imagina una pequeña llama debajo de tu ombligo. Esta chispa representa tu autoestima.
- Imagina que se hincha hasta llenar tu cuerpo de calor y amor.

Meditación diaria habilitadora

Estás sentada sobre arena dorada. A lo lejos se oye la suave melodía de las risas de los niños. El mar está en calma, es un brillante manto azul. Las olas fluyen, van y vienen suavemente. Te relajas, sientes cómo se ablandan tu estómago y tu pecho. Una hoja de viento te despeina el pelo, pero te sientes cálida y segura en este santuario, en este lugar donde puedes simplemente ser. Los ruidos en tu cabeza han desaparecido. Todo está en silencio. Sólo estás tú y el glorioso Sol, que te baña con su luminoso resplandor. Con cada respiración te sientes fuerte, centrada y llena de energía.

Hinojo reconstituyente para Géminis

Con su sabor a regaliz, el hinojo es una hierba poderosa con una multitud de propiedades medicinales. Los antiguos griegos y romanos lo consumían para fortalecerse, pero hoy en día se cree que estimula el metabolismo y desintoxica el organismo. Es la hierba ideal para Géminis, ya que ayuda a eliminar el estrés.

Para preparar una infusión reconstituyente de hinojo, corta un trocito de raíz de jengibre fresco, añádelo a un cazo con agua hirviendo y cuécelo a fuego lento durante cinco minutos. Machaca una cucharada de semillas de hinojo en un mortero. Retira el cazo del fuego, añade el hinojo, déjalo reposar cinco minutos y cuela el líquido en una taza. Añade una cucharada de miel, cierra los ojos y saboréalo.

Momento consciente para ordenar

Tu activa mente puede estar a menudo llena de pensamientos contradictorios. Despeja el desorden y encuentra la paz recurriendo al elemento del aire.

Cada día, dedica un momento a concentrarte en tu respiración. Lleva el aire a lo más profundo de tus pulmones e imagina que llena tu cuerpo de luz y energía. Al inhalar, imagina que tu respiración es como una ráfaga de viento que recorre tu cuerpo y elimina la energía negativa. Recorre tu cabeza y aleja las dudas y el miedo. Al exhalar, imagínatelo como un vacío de aire que se lleva todo lo que ya no necesitas.

Un sueño reparador

Los Géminis suelen padecer insomnio y tienen patrones de sueño inconsistentes. Algunas noches dormirás mucho y otras apenas. Regula tu sueño introduciendo en tu rutina diaria una meditación antes de acostarte.

- Busca un lugar cómodo para sentarte, cierra los ojos y concéntrate en tu respiración.

- Imagínate respirando calma y liberando la ansiedad.

- Mientras inhalas, repite mentalmente la palabra «calma».

- Imagínate la palabra como un color, quizás blanco o plateado, e imagina que estás bañado en ese tono.

- Nota cualquier tensión en tu cuerpo. Si un músculo está tenso, imagina que respiras el color que has elegido.

- Hazlo con cada parte de tu cuerpo hasta que te sientas totalmente relajada.

Cáncer

21 de junio-22 de julio

Elemento
Agua

Planeta
Luna

Estrellas de Cáncer
Lana Del Rey (21 de junio)
Diana de Gales (1 de julio)
Frida Kahlo (6 de julio)

Mantra
«Soy perfecta tal y como soy»

La esencia de Cáncer

Intuitivo y profundamente místico, te lo tomas todo muy a pecho, Cáncer. Como alma sensible que eres, captas fácilmente el aroma del ambiente y sabes cuándo alguien está sufriendo. Como cuidador nato, no te detendrás ante nada para proteger a tus seres queridos, aunque eso signifique ponerte en peligro. El hogar es tu santuario, es un lugar donde recargas las pilas y te recuperas del estrés del día a día y nada te gusta más que convertirlo en un refugio acogedor. Los que no te conocen pueden pensar que eres distante, pero ese aire de indiferencia es sólo una forma de protegerte. En realidad, tienes uno de los corazones más blandos de todo el zodíaco. Tu dura coraza es una tapadera y cuando te rompes, eres un torrente de emociones. No es de extrañar que te resulte difícil abrirte a los demás pero es bueno desahogarse antes de que afecte a tu estado de ánimo y a tu salud. Cuando te sientes seguro y capaz de expresarte creativamente, eres el cangrejo más cautivador de toda la playa.

Tu plan de autocuidado

Tu plan debe permitirte ser sensible y cariñoso, a la par que refuerza tu núcleo interior y te mantiene centrada. Absorbes de forma natural los sentimientos de los demás, así que tienes que ser capaz de liberar cualquier energía negativa de una forma que funcione para ti. Estos rituales encajarán en tu rutina diaria y te harán más positiva: gracias a estas meditaciones edificantes y sencillos consejos que fomentan la estabilidad, te sentirás tranquilo, lleno de energía y preparado para sanar el mundo.

Ritual matutino para levantarte resplandeciente

- Colócate de pie con los pies separados y en línea con las caderas, los hombros relajados y las manos en las caderas.

- Inclínate hacia delante desde la cintura y hasta donde te resulte cómodo y vuelve a ponerte recto.

- Inclínate hacia atrás desde la cintura, hasta que sientas un suave tirón, y luego vuelve a ponerte recto.

- Di: «Soy flexible, me adapto y me dejo llevar».

Prescripción de cristales

Al igual que el cangrejo, eres una persona que evita las confrontaciones, lo que significa que a menudo te guardas las cosas malas. Aunque airear tus quejas puede ser difícil, quedártelas es duro para ti. Los cristales pueden ayudarte a sentirte fuerte, centrada y capaz de expresarte, al tiempo que potencian tu naturaleza intuitiva.

Labradorita

Esta piedra de color arco iris está relacionada con la intuición. Afina el sexto sentido y favorece una comunicación clara entre uno mismo y los demás. También disipa la negatividad.

Sujétalo sobre el centro de la frente, respira profundamente y deja fluir tus pensamientos.

Cuarzo ahumado

Esta piedra rezuma fuerza y estabilidad. Destierra las vibraciones negativas y refuerza la confianza y la fe en uno mismo.

Llévalo a diario como colgante cerca de la piel para sentirte empoderado.

Rutina antiestrés diaria

Lunes
Los de signo Cáncer son grandes pensadores, así que proponte
el reto de aprender un nuevo idioma o habilidad.

Martes
Visualiza una coraza protectora a tu alrededor. Imagínala como
un escudo dorado, que permite la entrada de energía amorosa,
pero rechaza todo lo negativo.

Miércoles
Añade un par de gotas de aceite esencial de romero a tu baño. Esta
refrescante fragancia es fortalecedora y disipará tus preocupaciones.

Jueves
Ríete. Ve una película divertida o échate unas risas con los amigos.

Viernes
Como signo de agua, te sientes naturalmente atraído por el océano,
pero si no puedes ir a la costa, un paseo por la orilla del río también
te dará energía.

Sábado
Conecta con tu planeta. Ponte bajo la luz de la Luna, cierra los ojos
y disfruta de su resplandor iluminador.

Domingo
Fortalece tu núcleo y tu espíritu. Túmbate en el suelo con las
piernas flexionadas. Mete la barriga hacia dentro y mantén la
posición durante unos segundos. Suelta y repite cinco veces.

Ritual de amor propio para Cáncer

A veces puedes ser muy dura contigo misma y tender a fijarte en lo negativo, pero es hora de celebrar la increíble persona que eres.

- Toma una hoja de papel y haz una lista de diez cualidades o cosas que te gusten de ti misma: desde tu forma de sonreír hasta tu naturaleza compasiva. Si te resulta difícil, pide ayuda a un amigo o familiar.

- Lee la lista y reconoce que eres fantástica.

- Lleva el papel contigo y léelo cuando necesites un recordatorio, como ejercicio de autocuidado.

Meditación diaria edificante

Estás en la orilla de un río, el agua fluye a tus pies. Contemplas las profundidades de distintos tonos de azul y sientes una sensación de asombro. Las ondas crean espirales en la superficie a medida que el agua se mueve: estos bellos patrones concentran tu mente. Das un paso adelante y, de repente, las ganas de sumergirte en el agua se apoderan de ti. Te sumerges y sientes el frío líquido contra tu piel. Tomas una bocanada de aire cuando asomas la cabeza. El río te acoge en un suave abrazo y cada poro de tu cuerpo hormiguea de emoción. Una oleada de energía recorre tu cuerpo y empiezas a nadar. Te dejas llevar por la corriente y te mueves con facilidad. Renovada y centrada, estás lista para enfrentarte al mundo. Respira, sonríe y relájate...

Salvia purificadora para Cáncer

Repleta de propiedades medicinales, la salvia es una gran hierba y muy polivalente, llena de antioxidantes y asociada a la limpieza. También se cree que mejora las funciones cerebrales y la memoria. Vinculada a la Luna, es el remedio perfecto y ayuda a despejar los pensamientos negativos.

Para hacer una vara limpiadora de salvia, corta unas diez ramitas de salvia fresca y cuatro ramitas de lavanda de la misma longitud y júntalas. Sujétalas bien en la base con un cordel, enrollándolas a lo largo de todo el tallo y tirando de las ramitas para que queden bien juntas. Átalo y cuélgalo durante al menos dos semanas para que se seque. Para usarlo, enciende el extremo del palo para que humee un poco y difunde con cuidado el humo perfumado por todo el cuerpo, inhala, relájate e invita a que entre la energía positiva.

Momento consciente de emoción

Elige un momento concreto y deja de hacer lo que estés haciendo. Ponte de pie o siéntate en silencio y evalúa cómo te sientes.

Empieza por dirigir tu atención al centro del pecho. Siente los latidos de tu corazón y la suave subida y bajada del diafragma mientras respiras. Observa cómo tu cuerpo sigue haciendo lo que tiene que hacer sin que pienses en ello. Inspira profundamente y pregúntate cómo te sientes en este momento. ¿Estás tranquila, estresada, emocionada, centrada? Ponle una palabra a este sentimiento en tu mente. Exhala. Ahora pregúntate cómo quieres sentirte y, mientras inhalas, respira el sentimiento de esa palabra.

Un sueño reparador

La preocupación es todo un arte para ti y, por la noche, cuando todo está en calma, pones en práctica este arte. Cambia el foco de tus pensamientos con un ritual nocturno relajante que aligerará tus preocupaciones.

- Relaja tu respiración contando cada respiración y tomándote tu tiempo.

- Dirige tu atención a la zona situada detrás de tus ojos. Imagina que eres una habitación llena de cajas. Cada caja contiene una preocupación o un miedo.

- Poco a poco haz desaparecer mentalmente cada una de las cajas, tocándolas una por una, hasta que te quedes con un gran espacio blanco y abierto.

- Respira el vacío.

- Relájate y recuerda que puedes volver a este estado de paz en cualquier momento de la noche.

Leo

23 de julio–22 de agosto

Elemento
Fuego

Planeta
Sol

Estrellas de Leo
Louis Armstrong (4 de agosto)
Mata Hari (7 de agosto)
Madonna (16 de agosto)

Mantra
«Está bien simplemente ser»

La esencia de Leo

Los Leo son audaces, vibrantes y llenos de energía. Llamas
la atención y eso está bien porque la gente acude a ti en masa.
Pero, aunque el liderazgo es natural en ti, también eres por momentos
muy vulnerable. Cuando amas, vas con todo: no hay medias tintas.
Eres alegre y proactiva y harás todo lo que esté en tu mano para
dominar el mundo. Tu aspecto es importante para ti, pero eso
significa que a veces te preocupa lo que piensan los demás. Debajo
de esa actitud despreocupada se esconde un corazón de oro y un
alma sensible. No te falta confianza en ti misma y siempre intentas
ver lo positivo de cada situación, pero todo este encanto requiere
esfuerzo, lo cual a veces te deja sin un ápice de energía. Date un
respiro y suelta tu máscara. Ser popular es divertido, pero ser amable
contigo misma, con tu verdadero yo, te hará sentir todavía mejor.

Tu plan de autocuidado

Tu plan consiste en reconocer tu lado más vulnerable. Bajo ese
exterior vibrante y extrovertido, anhelas que te comprendan.
Las técnicas que aquí se proponen trabajan tus puntos fuertes
y te infunden poder, pero también te permiten revelar tu naturaleza
más vulnerable. Encontrarás consejos para ser amable contigo
misma y dejar que fluya el amor, así como rituales que te ayudarán
a brillar aprovechando la energía de tu planeta regente, el Sol.

Ritual matutino para levantarte resplandeciente

Conecta con tu chispa mística a través de este ritual para
perfeccionar tus habilidades intuitivas.

- Cierra los ojos y respira profundamente. Centra tu atención
  en el centro de la frente; imagina que hay un hermoso capullo
  de flor púrpura en ese lugar.

- Inspira profundamente y, al exhalar, imagina que el capullo empieza a desplegarse lentamente.

- Con cada respiración, los pétalos se curvan hacia fuera hasta que la flor está completamente abierta.

- Ésta es la flor de tu intuición. Te ayudará a confiar en tus instintos mientras navegas por tu día a día.

Prescripción de cristales

Tu personalidad alegre es inconfundible. La gente te percibe como algo bravucona y nunca llegan a saber la ternura que hay detrás. Sí, necesitas que te quieran, pero también necesitas amar y establecer vínculos auténticos. Los cristales que te ayudan a recargar tu energía y a sacar tu lado más suave son los indicados para ti.

Cuarzo rosa

Conocida como la piedra del corazón, este hermoso cristal se asocia con la energía del amor. Abre el corazón y ayuda a equilibrar las emociones. Gracias a sus suaves propiedades edificantes, calmará tus ardientes estados de ánimo y te permitirá conectar con los demás profundamente.

Cierra los ojos mientras sostienes esta piedra e imagínate bañada en un resplandor rosado.

Ámbar

Asociada a la energía vital, se cree que esta piedra favorece la vitalidad y recarga las pilas. También se sabe que estimula el sistema inmunitario.

Durante los ratos de descanso, siéntate con ella, respira y concéntrate en su vibrante color.

Rutina antiestrés diaria

Lunes
Enfría tu ardor y relaja tus muñecas bajo un chorro de agua fría durante un par de minutos.

Martes
No cuentes un chiste simplemente: represéntalo como si estuvieras delante de un público. Practícalo y perfecciónalo, y luego compártelo con amigos y familiares.

Miércoles
Sumérgete en el yoga. Con su énfasis en la respiración y el equilibrio, es la forma perfecta para que las Leos encuentren la paz.

Jueves
Imagina que te bañan los vivificantes rayos de Sol. Siente cómo el calor te golpea en la parte superior de la cabeza y te inunda de luz llena de energía.

Viernes
Frena un poco, ve más despacio. Haz una pausa, cuenta hasta diez lentamente y concéntrate en los números. Cambiar el enfoque de esta manera te ayudará a sentirte más tranquilo.

Sábado
Empieza el día escribiendo en un diario. Describe en un párrafo cómo te sientes en este momento.

Domingo
Busca un lugar cómodo y contempla la salida del Sol. Disfruta de este momento de tranquilidad antes de que empiece el día.

Ritual de amor propio para Leo

Eres muy generosa con los demás. Utiliza este ritual para recordarte que también debes ser amable contigo misma.

- Compra flores y colócalas en un jarrón.

- Siéntate y contempla su belleza.

- Imagina que las has comprado para un amigo o familiar. ¿Qué escribirías en la tarjeta regalo? ¿Cómo le harías saber a esa persona lo especial que es para ti?

- Dítelo a ti misma, mentalmente o en voz alta.

- Cada vez que mires las flores, recuérdate que eres un ser humano cariñoso y perfecto tal y como eres.

Meditación diaria
de fortalecimiento

Imagínate que estás sentada en medio de un prado de flores silvestres. El sol está en lo alto del cielo y la tierra está bañada en su glorioso resplandor. Tus manos se hunden en la suave hierba y te rodea con su derroche de color. Delicadas flores de tallos altos esperan su momento de gloria. Un anillo de margaritas blancas y amarillas te rodea en círculo, como un foco. Sonríes, cierras los ojos y giras la cara hacia arriba para sentir el calor de los rayos en la piel. Nada importa en este momento. Te sientes completamente en paz, tranquila y preparada para lo que venga. El Sol te tiene en su punto de mira: eres de oro.

Manzanilla refrescante para Leo

La manzanilla es una fuente de energía curativa. Asociada al alivio del estrés, calma el cuerpo y la mente, refuerza el sistema inmunitario y combate el insomnio. Como sedante natural es la hierba perfecta para Leo, ya que crece al Sol y promueve la paz interior.

Para preparar una infusión fría de manzanilla, pon una cucharadita de flores secas de manzanilla en un infusor de té, colócalo en una taza y déjalo en remojo en agua hirviendo durante unos diez minutos. Retira el infusor y deja enfriar el líquido. Añade un chorrito de limón y tres o cuatro cubitos de hielo y relájate.

Momento consciente de observación

Al ser tan dinámica, te mueves por la vida a muy buen ritmo, pero a menudo obvias lo que tienes justo delante de ti.

Elige un momento para mirar a tu alrededor. Elige una cosa que veas y concéntrate en ella. A continuación, piensa en lo que oyes. Concéntrate y escucha profundamente. Elige un sonido que no hayas percibido antes y déjalo sonar en tu mente. Ahora piensa en lo que hueles. ¿El aire es fresco o está impregnado de fragancias? Piensa en una palabra que describa el aroma. Fíjate también en lo que percibes al respirar. ¿Notas algo inusual? Por último, pregúntate: «¿Qué puedo sentir?». ¿Quizá sientes la brisa contra tu piel, la tierra bajo tus pies? Elige una cosa y concéntrate en ella.

Un sueño reparador

Desconectar no suele ser un problema para ti, pero puedes obsesionarte con los detalles, sobre todo cuando se trata de cómo te ven los demás, lo cual te provoca tensión física. Este ritual nocturno ayuda a tu cuerpo a relajarse y a conciliar el sueño.

- Activa la sensación de calma con un masaje hidratante de manos.

- Gira suavemente las articulaciones y estira los dedos.

- Presta atención a cómo te sientes y nota cualquier rigidez u hormigueo.

- Continúa subiendo por el brazo de cada lado, si te apetece. Puedes hacer lo mismo con los pies, los tobillos y las piernas.

Virgo

23 de agosto-22 de septiembre

Elemento
Tierra

Planeta
Mercurio

Estrellas de Virgo
Blake Lively (25 de agosto)
Zendaya (1 de septiembre)
Michael Bublé (9 de septiembre)

Mantra
«Encuentro alegría en
este mismo momento»

La esencia de Virgo

Virgo, eres diligente y dedicada. Te esfuerzas y combinas lógica e ingenio para hacer las cosas. Los amigos y la familia son importantes para ti y harás cualquier cosa por arrancar una sonrisa a tus seres más queridos. Eres una perfeccionista y, aunque esto significa que todo lo que haces lo haces muy bien, también significa que te pones mucha presión. Puedes ser muy autocrítica y quisquillosa, y piensas demasiado las cosas, lo cual puede meterte en un torbellino mental. Siendo el signo de tierra que eres, siempre estás dispuesta a ayudar y no soportas ver a los demás en apuros. Tu corazón bondadoso hace que te involucres cuando otros se alejarían. Te gusta que te necesiten, pero eso significa que pondrás tus necesidades en último lugar. Un ambiente cooperativo es el escenario ideal para ti y te desenvuelves mejor cuando te enfrentas a un reto: ¡es entonces cuando la superheroína que llevas dentro toma el control!

Tu plan de autocuidado

Tu plan consiste en relajarte y en rejuvenecer. Ayudar a los demás requiere de tiempo y esfuerzo, sobre todo a tu alto nivel, lo que apenas te deja un momento para respirar. Estas técnicas te ayudarán a dar un paso atrás para relajar tu mente y ayudarte a reconocer tu autoestima. Diseñadas para adaptarse a tu ajetreado estilo de vida, estas técnicas trabajan con tus puntos fuertes específicos y te ayudan a ver lo increíble y completa que eres.

Ritual matutino para levantarte resplandeciente

Fija tu intención para el día con este ritual que te dará energía.

- Tómate un minuto para sentarte, con los pies apoyados en el suelo y los hombros relajados.
- Pregúntate: «¿Qué quiero conseguir hoy?».

- Visualiza en tu mente que eso está ocurriendo y respira profundamente hacia esa intención.

- Al exhalar, deja que la imagen en tu mente se haga más grande y más brillante.

- Ahora pregúntate: «¿Cómo quiero sentirme hoy?».

- Respira con esta intención en mente e imagina que así es como te sientes ahora mismo.

Prescripción de cristales

Eres metódico en tu forma de afrontar la vida y una solucionadora nata de problemas. Tu actitud positiva es admirada por muchos y eso significa que la gente confía en ti. Aunque te encanta ayudar, la presión que te impones puede pasarte factura. Los cristales que te animan a mantener la calma y a centrarte en ti misma serán los adecuados para ti, junto con las piedras que aumentan la autoestima y te recuerdan lo fabulosa que eres.

Sodalita

La «piedra de la paz», la sodalita tiene un efecto calmante sobre la mente. Mantiene a raya los pensamientos negativos y te ayuda a encontrar la calma y la fuerza cuando el mundo se vuelve caótico.

Colócala debajo de la almohada por la noche, para tener un sueño reparador.

Jaspe rojo

Aunque tiene una energía ardiente, este cristal motiva a llevar un ritmo intenso pero suave. Es la piedra de la autoaceptación y ayudará a los Virgo críticos a quererse un poco más a sí mismos.

Sujétala con tu mano dominante, respira y atrae la energía bondadosa de la piedra.

Rutina antiestrés diaria

Lunes
Si tu mente es un torbellino, cambia tu forma de pensar. Grita «¡Basta!» y concéntrate en algo que te haga sonreír, como tu familia o tu pasatiempo favorito.

Martes
Camina a paso ligero. No importa adónde vayas, simplemente haz que tus pulmones bombeen aire, que circule la sangre y acelera el ritmo de tu cuerpo.

Miércoles
Haz algo de jardinería. Cultiva un huerto o una maceta, planta algunas semillas y mete las manos en la tierra. Es el estímulo perfecto para los signos de tierra que disfrutan conectando con el medio ambiente.

Jueves
Duerme la siesta. Eres un alma trabajadora, pero hasta tú necesitas un descanso. Tómate cinco minutos para sentarte, cerrar los ojos y no hacer absolutamente nada.

Viernes
Date ánimos a ti misma. Recuerda tres cosas que hayas conseguido en las últimas semanas. Las cosas pequeñas cuentan, incluso las tareas cotidianas que haces casi sin pensar. Luego repite mentalmente o en voz alta tres veces: «¡Soy increíble!».

Sábado
Márcate un reto práctico, como montar una estantería. Tómate tu tiempo y disfruta del proceso.

Domingo
Deja de hacer lo que estés haciendo, siéntate y escucha una canción que te levante el ánimo.

Ritual de amor propio para Virgo

Puedes ser una obsesa de ayudar a los demás, pero es hora de hacer algo especial por ti.

- Prepárate un baño con aceites esenciales de bergamota o flor de cananga; ambas fragancias son conocidas por sus propiedades estimulantes.

- Esparce pétalos de rosa por la superficie para darle un aspecto especial y enciende unas velas.

- Tómate tu tiempo, relájate y métete en el agua. No precipites el proceso: se trata de ser amable contigo misma.

- Cierra los ojos y sumérgete unos segundos bajo la superficie. Al emerger, siente cómo el estrés se desliza por tu cuerpo.

Meditación diaria de alegría

Imagina que estás sentada frente a un fuego crepitante. Las llamas saltan y giran y tú quedas hipnotizada. Los colores brillan intensamente: naranja oscuro, dorado y un toque de azul. Sientes el calor en tu piel. Miras fijamente el fuego y una profunda relajación cae sobre ti como una manta reconfortante. Oleadas de alegría recorren todo tu cuerpo. Inhalas profundamente y, al exhalar, sueltas todas las preocupaciones que has estado cargando.
La presión de ser perfecta se disuelve en esa única y larga exhalación. Sonríes y sientes la chispa de la creatividad ardiendo en tu interior.

Madreselva creativa para Virgo

Las flores de la madreselva son un estimulante instantáneo. Con un aroma dulce y calmante, es una delicia para tu signo zodiacal. Tiene el poder de activar tu intuición, ayudándote a dejarte llevar y a pensar de forma creativa.

Para hacer un espray de madreselva que estimule tu creatividad, coloca una muselina (estopilla) en un cuenco con los bordes colgando. Rellénalo con flores de madreselva y cúbrelo con agua hirviendo. Déjalo toda la noche en infusión. Recoger las cuatro esquinas de la tela y escurre el agua en el cuenco. Viértelo en una cacerola y cuécelo a fuego lento durante cinco minutos para que el líquido se reduzca; a continuación, déjalo enfriar y decántalo en un pulverizador. Rocía los puntos en los que notes el pulso de tu cuerpo, en la ropa y los muebles para encender tu chispa creativa.

Momento consciente para conectar

Siente esos vínculos afectivos con tus seres más queridos. Deja de hacer lo que estés haciendo y piensa en alguien que te importe. Mira una foto suya si te sirve de ayuda. Fíjate en todo, desde su aspecto hasta su expresión. Fíjate en la calidez de sus ojos y en cómo brilla su personalidad en todo lo que hace. Mientras inspiras, imagina que le envías todo tu amor. Imagínate a ti y a esta persona. Relájate y agradece su presencia tranquilizadora en tu vida.

Un sueño reparador

Te encanta dormir, Virgo, pero cuando se apagan las luces te cuesta desconectar. En lugar de relajarte, te dedicas a rememorar acontecimientos del día. Dale la vuelta a la tortilla y abraza lo positivo con este calmante ritual nocturno.

- Tumbada en la cama, inspira profundamente, mantén la respiración mientras cuentas hasta cuatro y suéltala.

- Di mentalmente o en voz alta: «Hoy ha sido un buen día porque...». Piensa en algo que te haya hecho sonreír y concéntrate en cómo te sentías en ese momento.

- Vuelve a inspirar profundamente, mantén la respiración mientras cuentas hasta cuatro y suéltala.

- Di: «Me voy a dormir feliz de haber completado el día».

Libra

23 de septiembre-22 de octubre

Elemento
Aire

Planeta
Venus

Estrellas de Libra
Gwyneth Paltrow (27 de septiembre)
Zac Efron (18 de octubre)
Kim Kardashian (21 de octubre)

Mantra
«Tengo una visión clara
de dónde tengo que estar»

La esencia de Libra

Como corresponde al signo de la balanza, tu vida es un constante acto de equilibrio, Libra, y lo haces con mucha gracia. Con tu brillante sonrisa, eres un faro de energía positiva: no es de extrañar que la gente acuda a ti. Aunque intentas compartir el amor, tienes días de bajón. Al ser la pacificadora natural que eres, siempre intentas tener a todo el mundo contento. Puede que seas una superheroína capaz de resolver la mayoría de los problemas, pero a veces tienes que desconectar y dar un paso atrás. Por suerte, tienes un gran sentido del humor y aprecias las cosas buenas de la vida, gracias a tu regente Venus. Cuando estás en plena forma, eres una persona con clase: equilibrada, centrada y preparada para brillar.

Tu plan de autocuidado

Tu plan complementa tu capacidad como Libra de ver las dos caras de cada situación, pero también te ayuda a seguir tu corazón y a pasar a la acción. Las técnicas que mejoran la concentración y aumentan la confianza en ti misma te ayudarán a prosperar. Los rituales de Libra están diseñados para que encajen bien con tu amor por la belleza y para que te ayuden a tomarte un momento para encontrar la quietud interior. En estos momentos de quietud nace la verdadera intuición. Desde aumentar los niveles de energía hasta eliminar las preocupaciones antes de acostarte: ésta es la estrategia perfecta para dar rienda suelta a tu calidad de estrella.

Ritual matutino para levantarte resplandeciente

- Cierra los ojos y respira profundamente.
- Imagínate que estás sentada ante una pantalla de cine gigante que proyecta una película sobre el día que te espera.
- Obsérvate a ti misma haciendo tus cosas del día a día con una sonrisa.

- Imagínate al final del día, feliz y relajada. Has logrado todo lo que te has propuesto y todo está en orden.

- Recuerda que, salga como salga el día, tú puedes con todo.

Prescripción de cristales

Como persona sensata que eres, te gusta considerar todas las opciones, lo cual funciona bien cuando trabajas en equipo, pero puede resultar difícil cuando tienes que tomar decisiones clave. Los Libra a veces se atascan en los detalles y se les escapa la claridad. Te gusta complacer a la gente, pero puedes perder tu propio sentido de la orientación. Los cristales que limpian la mente y el espíritu y te ayudan a concentrarte son ideales.

Hematita

Esta piedra tiene el poder de devolverte a la tierra y también de despejar tu mente. Amplifica tu energía positiva y te ayudará a tomar decisiones claras y ponerlas en práctica.

Lleva una en el bolsillo cuando te sientas estresada.

Ágata de encaje azul

Con Venus como planeta regente, a veces puedes obsesionarte con la apariencia de las cosas. Esta piedra espiritual tiene una energía calmante que te ayudará a buscar el sentido más profundo y claro de las cosas y a ver la belleza que te rodea.

Cierra los ojos y medita con la piedra en la mano, o ponla bajo la almohada para tener sueños inspiradores.

Rutina antiestrés diaria

Lunes
Limpia tu mente dedicando cinco minutos a centrarte en tu respiración. Cada vez que aparezca un pensamiento, vuele tu atención al subir y bajar de tu pecho.

Martes
Escribe una lista con cinco cosas por las que te sientes agradecida.

Miércoles
Date el gusto de hacerte tu tratamiento de belleza favorito, ya sea un tratamiento facial relajante o una pedicura que te haga sentir mimada.

Jueves
Mejora tu postura. Ponte de pie con los hombros hacia atrás, los pies alineados con las caderas y la barbilla ligeramente levantada. Alarga tu coxis y estira la columna hacia arriba.

Viernes
Haz una videollamada con una amiga para reconectar y activar buenas sensaciones.

Sábado
Ponte de pie frente al espejo y di: «Soy hermosa y brillante, porque...» y deja que fluyan los halagos.

Domingo
Visita tu cafetería favorita y prueba algo distinto del menú.

Ritual de amor propio para Libra

Siempre ves lo bueno en los demás, pero te cuesta verlo en ti. Reconoce tu autoestima con este ritual que aumenta tu confianza.

- Escríbete una carta de amor.

- No tiene por qué ser larga, pero tómate el tiempo y el cuidado necesarios para decir lo que realmente sientes.

- Imagina que estás hablando con tu yo más joven y que te diriges a ti misma.

- Mira dónde estás ahora y todas las cosas maravillosas que has conseguido.

- Celebra la persona brillante en la que te has convertido y todas las cosas increíbles que te quedan por hacer.

Meditación diaria para la vitalidad

Imagina que estás sentada en la cima de una montaña. Es temprano y el Sol asoma tímidamente por el horizonte. Las colinas y los valles ondulan bajo los primeros rayos de luz. Es un proceso gradual, el Sol asciende por el cielo y tú sigues su movimiento con la mirada. Inhalas profundamente y sientes cómo el calor toca la parte superior de tu cabeza; cae como una ducha y te baña con su brillo dorado. El calor penetra en tu piel. Te llena de fuerza y te sientes llena de energía y lista para afrontar el día. Estiras los brazos hacia arriba y juntas las manos sobre tu cabeza. Todo tu cuerpo vibra, lleno de vitalidad. Inhalas la luz del Sol y, al exhalar, sientes cómo cualquier preocupación se desliza desde tus hombros afuera.

Eucalipto energizante para Libra

Fresco y vibrante, el eucalipto atraviesa el ambiente, eleva las vibraciones de un lugar y despeja el aire. Esta fragancia tiene el poder de despejar la energía estancada y levantar el ánimo. Asociado con el planeta Venus, es el estimulante perfecto para Libra.

Para preparar un pulverizador ambiental energizante de eucalipto, llena una botella pulverizadora pequeña con agua destilada y unas ocho gotas de aceite esencial de eucalipto. Cierra la tapa y agita el pulverizador suavemente para mezclar los ingredientes. Rocíalo por toda la casa para aumentar la energía positiva.

Momento consciente para los sentidos

Detente y contempla las maravillas del mundo que tienes ante ti.

Tanto si estás en casa como en el trabajo, empieza el proceso diciendo «¡Basta!» en tu mente y silenciando el parloteo interno. A continuación, pon en marcha tus sentidos y asimila lo que puedes ver, oír, oler, saborear, tocar y sentir. Observa realmente las formas y los colores que bailan ante tus ojos. Conviértete en un turista de tu propia vida e imagina que estás viendo estas cosas por primera vez. ¿Qué sientes? ¿Qué palabra te viene a la mente para describir la experiencia? Respira, relájate y disfruta de la belleza de tu vida cotidiana.

Un sueño reparador

Te gusta mantener el cuerpo y la mente en equilibrio, pero por la noche los pensamientos pueden entrar en tu cabeza e impedirte conciliar el sueño. Un sencillo ritual para liberarte de las preocupaciones te ayudará a encontrar la paz que necesitas.

- Ten un bloc de notas y un bolígrafo junto a la cama. Antes de acostarte, escribe lo que te preocupa. Intenta limitarte a frases sencillas o palabras que resuman tus pensamientos.

- Cuando hayas terminado, rompe el papel y tíralo a una papelera.

- Di: «Libero todos los pensamientos y preocupaciones. Mi mente está libre de preocupaciones».

- Si te despiertas por la noche y ves que la mente te da vueltas, repite el proceso para deshacerte de los pensamientos innecesarios.

Escorpio

23 de octubre-21 de noviembre

Elemento
Agua

Planeta
Marte

Estrellas de Escorpio
Emma Stone (6 de noviembre)
Marie Curie (7 de noviembre)
Whoopi Goldberg
(13 de noviembre)

Mantra
«Mis raíces están arraigadas,
pero me doblo con la brisa»

La esencia de Escorpio

Tan enigmática y singular como siempre, Escorpio, lo tienes todo, incluido ese famoso aguijón en la cola. Te mantienes calmada y distante, o al menos en apariencia, como si éste fuera tu arte. Como un cisne que se desliza sobre el agua, pareces serena, pero debajo de todo eso tienes un apasionado y potente motor. Eres líder por naturaleza y tu franca actitud hace que todo el mundo sepa exactamente a qué atenerse. Sin embargo, se te pueden confiar secretos y, si alguien te busca, eres una muy buena confidente. Tu valentía y determinación te dan una ventaja y, cuando has tomado una decisión sobre algo o alguien, te cuesta mucho cambiarla. A pesar de ser un signo de agua, eres inamovible y te cuesta confiar en los demás. Sí, eres un hueso duro de roer, pero así es como te gusta ser. Te puede resultar difícil forjar relaciones profundas cuando estás en modo «cauteloso» y tu hábito de guardarte las cosas para ti misma no ayuda. Cuando te abres a los demás, eres como una flor exótica, embriagadora y realmente inolvidable.

Tu plan de autocuidado

Tu plan debe complementar tus enigmáticas dotes de liderazgo y ayudarte a prosperar, pero con flexibilidad. Estos rituales te ayudarán a dejarte llevar más y a tomarte tu tiempo antes de tomar decisiones. Tu personalidad carismática actúa como un imán, pero para aprovechar al máximo tu potencial necesitas encontrar el equilibrio y ceder parte de tu control. Tu plan tiene el objetivo de ayudarte a pasar del modo de «trabajo» al modo «relajación» y a relacionarte de forma consciente con el mundo que te rodea.

Ritual matutino para levantarte resplandeciente

- Siéntate en el suelo, con la espalda apoyada en la pared.

- Coloca ambas manos sobre tu corazón e inspira profundamente por la nariz.

- Exhala por la boca y, al hacerlo, imagina que tu corazón irradia energía amorosa al resto del cuerpo.

- Continúa respirando de esta manera con la atención puesta en el centro del pecho.

- Imagina esta energía edificante como una luz rosa que te llena de vitalidad.

Prescripción de cristales

Eres dinámica, decidida e imparable cuando te propones algo. Aunque estas cualidades te ayudan a progresar, pueden obstaculizar tu progreso personal. Cuando has decidido algo, rara vez cambias de opinión y te cuesta ser objetiva. Elige cristales que fomenten la positividad, te ayuden a mirar más allá de la superficie y a ver las dos caras de la moneda.

Lapislázuli

Esta hermosa piedra favorece la conciencia de una misma y el entorno, así como la capacidad de comprensión, aportando claridad mental. Posee una energía vigorizante que te levantará el ánimo.

Sostenlo sobre la garganta durante unos minutos cada día para ayudarte a comunicarte desde el corazón.

Kunzita

Se cree que esta piedra cura y equilibra las emociones. También se asocia con el amor incondicional y te ayudará a empatizar con los demás.

Lleva uno en el bolsillo para encontrar momentos de paz durante el día.

Rutina antiestrés diaria

Lunes
Márcate un reto de repostería, elige una receta y síguela. Tocará la vena competitiva de tu Escorpio y te ayudará a relajarte.

Martes
Corre en el sitio durante tres minutos. Empieza con un trote suave, luego ve subiendo la intensidad y corre durante un minuto, levanta gradualmente las rodillas al pecho y relájate con un paso lento.

Miércoles
Date un masaje tonificante en la cabeza. Deja la cabeza colgar boca abajo y amasa el cuero cabelludo durante un par de minutos.

Jueves
Imagina que eres un extraterrestre que visita la Tierra. Observa tu entorno como si lo vieras por primera vez. ¿Qué notas?

Viernes
Cierra los ojos y bebe un vaso de agua fría. Concéntrate en tus sensaciones y su sabor.

Sábado
Date una ducha energizante. Cierra los ojos y nota el contacto del agua con tu piel. Luego, durante los últimos segundos, baja la temperatura.

Domingo
Crea un tablero de ideas (*moodboard*) de lo que te gustaría conseguir durante la próxima semana. Diviértete colocando imágenes, dibujos y citas.

Ritual de amor propio para Escorpio

Por extraño que parezca, autocalmarte mediante el tacto puede ayudarte a aliviar el estrés y a darte la energía amorosa que te mereces.

- Siéntate en el suelo con las rodillas flexionadas.
- Busca una manta suave y cómoda y póntela sobre los hombros.
- Rodea las rodillas con los brazos y cierra los ojos.
- Si prefieres, cruza los brazos sobre el pecho y sujeta el hombro opuesto.
- Mientras te acurrucas, di: «Me quieren».
- Relájate y suaviza la respiración.

Meditación diaria de flexibilidad

Imagina que estás de pie en un bosque. Estás rodeada de árboles y miras hacia arriba, hacia el dosel de hojas y los patrones que forman las ramas. Tus pies descalzos hacen presión en la tierra húmeda y sientes una conexión con el paisaje. Es como si estuvieras enraizada, anclada al lugar. El viento sopla, susurrando entre las hojas; lo sientes en tu piel. Tu cuerpo se balancea con la brisa, pero aun así te mantienes firme; las plantas de tus pies se han hundido profundamente en el suelo. No importa cuánto te dobles o te estires, la tierra te sostiene con seguridad. Inhalas y recoges fuerza. Exhalas y te haces flexible.

Ortiga calmante para Escorpio

Las ortigas están repletas de nutrientes y se sabe que alivian los dolores de articulación y favorecen la circulación sanguínea. Es una planta poderosa y el estimulante ideal para los Escorpio. Crecen en abundancia, pero si quieres evitar que te piquen, puedes obtener los mismos beneficios de su versión ya cortada y envasada.

Para preparar un baño relajante de ortiga, pon una bolsita de té de ortiga en un cuenco con un puñado de flores de diente de león, cúbrelo con agua hirviendo y déjalo reposar cinco minutos. Retira la bolsita y las flores del cuenco y añade la mezcla al agua de la bañera. Mientras te relajas en el baño caliente, cierra los ojos e inhala el aroma terroso.

Momento consciente de limpieza

Utiliza tu elemento regente, el agua, para despejar la mente y volver al momento.

Llena el lavabo de agua fría, respira hondo y sumerge los dedos en ella. Observa la temperatura y el cosquilleo que produce en la piel. Observa cómo el agua envuelve cada dedo. Respira hondo y sumerge las manos hasta la muñeca. Sigue respirando lenta y profundamente y disfruta de las sensaciones. Mueve y flexiona los dedos. Siente la atracción del agua en ellos. Respira hondo por última vez e imagina que estás absorbiendo la energía purificadora del agua. Tira del tapón del lavabo, observa cómo se traga el agua y dale una buena sacudida a tus manos.

Un sueño reparador

No eres propensa a preocuparte a altas horas de la noche, pero siempre estás pensando en tu próximo movimiento. Puede resultarte difícil pasar del modo «trabajo» al modo «sueño», pero un ritual que aquiete tu mente te irá bien.

- Añade tres gotas de aceite esencial de lavanda a un quemador de aceite o a un pequeño recipiente con agua caliente y colócalo en tu mesilla de noche.

- Siéntate en el borde de la cama, cierra los ojos e inspira por la nariz.

- Exhala por la boca contando hasta cinco.

- Inhala el suave aroma.

- Exhala y siente cómo se relaja cada parte de tu cuerpo, empezando por la cabeza, el cuello y los hombros y bajando después hasta los pies.

Sagitario

22 de noviembre-21 de diciembre

Elemento
Fuego

Planeta
Júpiter

Estrellas de Sagitario
Taylor Swift (13 de diciembre)
Jane Austen (16 de diciembre)
Jake Gyllenhaal (19 de diciembre)

Mantra
«Cada día es una oportunidad
para crecer»

La esencia de Sagitario

Como Sagitario con dotes atléticas, eres más que un crack del deporte: brillas con la exuberancia de quien conoce su valía. Tu espíritu independiente te lleva lejos, tanto física como mentalmente. Para ti no existen las limitaciones. «Libertad» es tu palabra favorita y la pones en práctica al máximo. Con una actitud dispuesta a todo, te lanzas a nuevos proyectos y te aventuras más allá de tu zona de confort. Socialmente te desenvuelves bien y tienes un amplio grupo de amigos. Como eres una mariposa, no eres muy dada al compromiso, pero también te gusta la intimidad, siempre que no te haga sentir ahogada. Siempre vas a por lo que quieres, pero a veces te tomas las cosas a pecho y esto afecta a tu estado de ánimo y a tus niveles de energía. Tu naturaleza espontánea hace que te cueste bajar el ritmo. Tomarte un momento para respirar y poner en marcha tus sentidos te ayudará a tomar decisiones y también a desarrollar tu intuición.

Tu plan de autocuidado

El mejor plan para ti complementa tu vena espontánea infundiéndote energía, pero ayudándote a calmarte cuando lo que necesitas es recargar pilas. Aunque odies bajar el ritmo, no puedes seguir tu camino si te agotas constantemente. Tu plan está diseñado para ayudarte a encontrar el equilibrio y a trabajar con tus fortalezas. Encontrarás ejercicios inspiradores para prepararte para el día y aumentar tu motivación, además de consejos para sacar a relucir tu lado compasivo.

Ritual matutino para levantarte resplandeciente

- Conecta con la energía de la Tierra y piensa en ti como un retoño enterrado profundamente en la tierra.

- Hazte un ovillo. Encoge la cabeza y las piernas y coloca las manos en el suelo para apoyarte.

- Empújate lentamente hacia arriba con las manos; despliégate hasta ponerte de pie.

- Ponte de puntillas. Estira los brazos hacia arriba y siente el tirón a lo largo de la columna vertebral.

Prescripción de cristales

El humor es tu superpoder y lo utilizas para navegar por los altibajos de la vida, pero a veces olvidas cómo tus palabras afectan a los demás. La piel del Sagitario es notoriamente gruesa, pero no todo el mundo es como tú. Los cristales que nutren tu lado compasivo y activan tus habilidades intuitivas son ideales para ti.

Rodonita

La rodonita es una piedra hermosa con una energía amorosa y te anima a tender la mano a los demás y a empatizar con ellos. También es una piedra de equilibrio, que induce a la paz y la tranquilidad.

Frótalo en el centro de la palma de la mano cuando te sientas tensa.

Cornalina

Esta alegre piedra irradia positividad, fomenta la autoconciencia y la claridad. La energía edificante no sofocará tu espíritu aventurero, pero te ayudará a pensar las cosas más y a tener una visión global de las situaciones.

Sujétala con ambas manos y medita sobre el vibrante color de la piedra.

Rutina antiestrés diaria

Lunes
Dedica un par de minutos a contemplar el cielo. Absorbe los colores y observa cómo se mezclan. Fíjate en cualquier movimiento, desde el vuelo de los pájaros hasta el cambio de forma de las nubes.

Martes
Añade aceite perfumado de rosas a un infusor, cierra los ojos e inhala su dulce aroma.

Miércoles
Coge una libreta y un bolígrafo y dibuja cualquier cosa. Deja que tu mente divague y que el bolígrafo tome el control. Diviértete y crea patrones y formas, y luego maravíllate con tu arte.

Jueves
Eres imprevisible por naturaleza, así que cambia el tipo de actividad que sueles hacer y activa tu pensamiento con un rompecabezas, como un sudoku o un crucigrama.

Viernes
Enciende una vela y observa la llama durante unos minutos para calmar y concentrar tu mente.

Sábado
Escribe un poema para alguien que te importe. No tiene por qué ser perfecto, pero sí sincero.

Domingo
Da rienda suelta a tu lado aventurero y sal a dar un paseo o a correr por algún lugar en el que nunca antes hayas estado.

Ritual de amor propio para Sagitario

Aprecia las cosas buenas de tu vida con una práctica de amor propio que potencie la energía positiva.

- Abre un diario de amor propio y llénalo de cosas que te hagan sentir bien, desde poemas edificantes hasta descripciones de todo aquello que agradeces.

- Incluye tus recuerdos favoritos y escribe sobre las personas especiales de tu vida.

- Añádelo al diario cada semana para reforzar las vibraciones positivas.

- Léelo siempre que necesites un impulso extra.

Meditación diaria para la inspiración

Visualízate sentada en la cima de una colina por la noche. Todo está tranquilo y en calma. Un pequeño fuego parpadea frente a ti. Al principio las llamas son sólo brasas, motas de luz en la oscuridad, pero con cada respiración crecen y se hacen más brillantes. Poco a poco el fuego empieza a rugir y a hacerse enorme y tú estás bañada en su resplandor ámbar. El calor te cosquillea la piel y todo tu cuerpo está relajado. Miras hacia arriba y ves las estrellas titilando en el cielo. El manto de oscuridad te protege y te sientes centrada y fuerte. Desde tu posición, puedes ver en todas direcciones y sabes que puedes ir a cualquier parte y ser cualquier cosa. El poder de alcanzar tus sueños está al alcance de tu mano. Respira la luz. Exhala la oscuridad.

Menta refrescante para Sagitario

La menta calma el cuerpo y la mente típicamente activos. Ayuda a aliviar el malestar estomacal y a templar la agitación mental, mientras que sus propiedades antibacterianas limpian y aportan claridad. Esta hierba versátil y fácil de cultivar se puede tener en una maceta en el alféizar de la ventana.

Para preparar un refrescante té de menta, pon un puñado de hojas de menta en un cazo con agua hirviendo y déjalo en infusión durante cinco minutos. Cuélalo en una taza, añade unas rodajas de limón o zumo de limón y saborea esta infusión regenerativa.

Momento consciente de creatividad

Enciende tu chispa creativa para ayudarte a pensar de nuevas formas.

Deja de hacer lo que estés haciendo y mira por la ventana. Elige una cosa en la que concentrarte y piensa en tres frases para describirla. Escribe lo primero que te venga a la mente. Respira hondo cinco veces y vuelve a mirar el objeto que has elegido. Ahora desafíate a describirlo de una forma nueva. Utiliza tu imaginación y concéntrate en la verdadera naturaleza del objeto. Piensa en su finalidad y si te recuerda a algo. ¿Cómo te hace sentir? Escribe tres frases más. Compara lo que has escrito y observa cómo cada descripción da vida al objeto de una manera diferente.

Un sueño reparador

Por la noche eres muy inquieta... y no me extraña. Dormir parece una pérdida de tiempo para un buscador de emociones como tú, así que, para evitar el agotamiento, piensa en un buen descanso nocturno como el combustible que enciende tus aventuras.

- Túmbate y cierra los ojos.

- Imagina que estás en lo alto de una escalera gigante. Inhala profundamente y luego exhala profundamente mientras bajas lentamente cada peldaño.

- A cada paso que das, siente que tu cuerpo se hunde más en la cama.

- Deja que cada músculo se relaje por completo y continúa subiendo escaleras hasta que llegues a un punto en el que te sientas tranquilo y somnoliento.

Capricornio

22 de diciembre-19 de enero

Elemento
Tierra

Planeta
Saturno

Estrellas de Capricornio
Jared Leto (26 de diciembre)
Kit Harrington (26 de diciembre)
Nigella Lawson (6 de enero)

Mantra
«Respiro en paz,
libero el estrés»

La esencia de Capricornio

Eres capaz y astuta, Capricornio, una especie de genio. La determinación y la constancia son los que hacen ganar la carrera, así que cuando otros signos caen en el primer obstáculo, tú te aferrarás tenazmente a la meta que tienes por delante. No tienes miedo de asumir responsabilidades, lo que te convierte en un buen líder, y mucha gente se asombra con tu actitud positiva. Sin embargo, a menudo se te considera muy seria y puedes parecer distante. No es que no te preocupes por la gente, al contrario, te preocupas demasiado y cuando las cosas van mal te lo tomas personalmente y te cuesta olvidar el pasado. Te puede costar deshacerte de cierto sentimiento de culpa, pero cuando te relajas, tu lado divertido sale a relucir y te ganas un ejército de admiradores.

Tu plan de autocuidado

Tu plan te animará a desterrar las dudas sobre ti misma y a implementar un patrón de pensamiento positivo que te ayude a liderar con confianza. Esto, unido a tu naturaleza capaz e ingeniosa, te ayudará a vivir tu mejor vida. Estos rituales están diseñados para aumentar la confianza en ti misma y ayudarte a generar energía positiva; complementan tus dones latentes a la vez que se adaptan a tu apretada agenda. Encontrarás consejos para ser amable contigo misma, ejercicios que fomentan la flexibilidad y una meditación que te ayudará a desarrollar todo tu potencial.

Ritual matutino para levantarte resplandeciente

- Colócate de pie con los pies separados, alineados con las caderas, y luego ábrelos algo más.
- Coloca las manos en las caderas y comienza a girar el torso de un lado a otro. Empieza suavemente y luego ve más lejos.

- Acelera el ritmo y siente el estiramiento en tu cintura.

- Extiende los brazos hacia fuera para dar más fuerza a cada giro.

- Repita esta afirmación: «Soy flexible y adaptable». Continúa durante un minuto así y luego reduce la velocidad gradualmente hasta detenerte.

Prescripción de cristales

Debido a tu carácter práctico, rara vez te distraes y los problemas no suelen perturbarte. Te resulta fácil dedicarte a una tarea y, mientras estás plenamente comprometida, eres feliz. Si tu mente divaga, puedes caer en patrones de pensamiento negativos y dudar de tus capacidades. Elige cristales que te mantengan tranquila y centrada.

Howlita

Suave y calmante, la howlita es el antídoto perfecto para una mente hiperactiva. También favorece el sueño y ayuda a tener paciencia.

Coloca la piedra sobre el centro de la frente, respira y relájate.

Cuarzo

Conocido como el «maestro sanador», el cuarzo posee una energía vibrante que disipa toxinas y equilibra las emociones. Se cree que amplifica la energía y combate los patrones de pensamiento negativos.

Siéntate y sujeta una piedra de cuarzo, mientras piensas en lo que quieres conseguir.

Rutina antiestrés diaria

Lunes
Sacude el cuerpo, empezando por las manos, luego los brazos, los hombros, el torso, las piernas, los tobillos y los pies.

Martes
Revive las emociones de una época en la que te sentías feliz y seguro.

Miércoles
Como eres un signo de tierra, te encanta ensuciarte los dedos, así que dedícate a la jardinería, planta semillas o cambia el tiesto a tus plantas de interior.

Jueves
Imagina que te ríes de algo muy gracioso. Siente cómo la emoción se extiende desde tu estómago hasta que la sonrisa llega a tus labios.

Viernes
Cambia de perspectiva y detén los pensamientos negativos. Túmbate e imagina que el suelo es el techo y viceversa.

Sábado
Conecta con tu elemento tierra tumbándote sobre la hierba. Cierra los ojos y siente las hojas elásticas entre los dedos de las manos y los pies.

Domingo
Ponte manos a la obra y cocina una nueva receta para tus amigos y familiares.

Ritual de amor propio para Capricornio

Sé amable y cuidadoso contigo mismo con este ritual del perdón.

- Busca un lugar tranquilo al aire libre, enciende una vela y coge un trozo de papel y un bolígrafo.

- Escribe cualquier cosa que te moleste internamente, incluida la culpa que sientas por errores pasados.

- Cuando hayas terminado, pasa con cuidado la hoja de papel por la llama y échala en un plato ignífugo.

- Observa cómo se reduce a cenizas.

- Para terminar, vacía las cenizas en una papelera y di: «Libero el pasado, libero el dolor, mi corazón vuelve a llenarse de amor».

Meditación diaria energizante

Imagínate al pie de una montaña. Ésta se cierne sobre ti y, cuando miras hacia arriba, todo lo que ves es la gloriosa luz del Sol. La hierba a tus pies brilla con nueva vida y puedes sentir la energía brotando de cada brizna. Sientes el impulso de correr, de dejar que cada brote primaveral te sostenga mientras subes por la ladera de la montaña. Respiras hondo y profundo, llenas tus pulmones y sales disparado hacia arriba, impulsado por el calor de tu pecho. No puedes ver nada; todo lo que puedes hacer es sentir cada profunda respiración. Finalmente, a una velocidad sobrehumana, llegas a la cima. El aire es dulce y fresco al inhalar y exhalar. Se te eriza la piel de energía.

Romero rejuvenecedor para Capricornio

El romero es la elección ideal para las máquinas de trabajar que necesitan resistencia, fuerza y concentración. Su refrescante aroma aviva los sentidos y te devuelve al presente, reforzando el sistema inmunitario, la circulación y la memoria.

Para preparar un espray rejuvenecedor de romero, llena una botella pequeña con pulverizador con tres cuartas partes de agua. Añade cinco gotas de esencia de romero y dos gotas de aceite esencial de naranja. Cierra la tapa y agítala suavemente para mezclar los aromas. Rocíalo por tu casa u oficina para obtener vitalidad e inspiración.

Momento consciente de paz

Da un paso atrás para aliviar el estrés y encontrar la paz interior.

Deja de hacer lo que estés haciendo. Presta atención a tu respiración. Mientras inhalas, imagina que retrocedes mentalmente, dentro de tu cuerpo; si te ayuda, da un paso físico hacia atrás. Considera tus ojos como ventanas al mundo e imagina que miras a través de ellos, disfrutando de la vista. Al exhalar, suelta cualquier tensión. Siente cómo se desprende de tu cuerpo. Cada vez que inhales, retrocede un poco más y, a medida que sueltes el aire, libera la tensión. Al cabo de un par de minutos, deberías sentir una sensación de quietud y distanciamiento de lo que ocurre a tu alrededor. Puede que incluso hayas dejado de oír los sonidos externos, a medida que te concentras en cada respiración.

Un sueño reparador

Dormir es una actividad más de tu lista y la abordas metódicamente, acostándote y levantándote a la misma hora. Aunque esto ayuda a tus patrones de sueño, pensar demasiado puede mantenerte despierto. Prueba este ritual de sueño para ralentizar tu ritmo.

- Túmbate y coloca la mano sobre el vientre. Inspira lentamente por la nariz y siente cómo la mano se eleva poco a poco.

- Mantén la respiración durante dos o tres cuentas y, a continuación, exhala por la boca ruidosamente.

- Continúa durante otras diez respiraciones, presta atención a la elevación de la mano y aguanta la respiración antes de exhalar.

- En el último par de respiraciones, aguanta la respiración una cuenta más y baja y sube lentamente la mano que tienes sobre el estómago.

Acuario

20 de enero-18 de febrero

Elemento
Aire

Planeta
Urano

Estrellas de Acuario
Harry Styles (1 de febrero)
Shakira (2 de febrero)
Yoko Ono (18 de febrero)

Mantra
«Está bien parar por un
momento y quedarse quieta»

La esencia de Acuario

Aventurera y extravagante, así eres tú, Acuario. Te atreves a ser diferente. Eres pionera por naturaleza y sigues siempre tu propio camino. Te apasiona lo nuevo, desde la última tecnología hasta las nuevas filosofías; te encanta aprender y experimentar nuevas cosas y disfruta lanzándote de lleno en ellas. Si alguien te pone restricciones, irás a por todas para demostrar que se equivocan. Eres inteligente y flexible y necesitas estímulos constantes para no aburrirte e irritarte. Las frustraciones se transforman fácilmente en ira y esto te afecta a un nivel más profundo que al resto de signos y provoca en ti cambios de humor. Para ser un signo de aire voluble, eres muy emocional y necesitas libertad para expresarte. Si das rienda suelta a tu creatividad, eres capaz de hacer grandes cosas.

Tu plan de autocuidado

Necesitas un plan que sea tan inventivo como tu mentalidad. Debe equilibrar lo aventurero con lo práctico y ayudarte a encontrar momentos de calma entre ambos. Tienes mucha energía nerviosa, así que los rituales te ayudarán a calmar tu caos interno y emociones. También te ayudarán a incorporar el amor propio a tu rutina. Estas técnicas complementan tu amor por lo excéntrico, pero también te ayudan a desconectar cuando necesitas estar en el momento.

Ritual matutino para levantarte resplandeciente

- Colócate de pie con los hombros hacia atrás, los pies separados a la anchura de las caderas y el peso equilibrado en ambas piernas. Inspira profundamente y siente el alargamiento de tu columna vertebral.

- Al exhalar, imagina un Sol resplandeciente, en lo alto del cielo. Esto simboliza la energía positiva de todas las cosas que quieres conseguir.

Prescripción de cristales

Tu mente de Acuario echa a volar con facilidad y siempre estás buscando nuevas direcciones que explorar. Este sentido de la aventura hace que cada día sea una montaña rusa. Te encanta, pero ello puede aumentar tu estrés. Tus elecciones ideales son las piedras que equilibran las emociones sin apagar tu espíritu.

Granate

Es la piedra de la esperanza. El granate responde a tu estado de ánimo y equilibra tus emociones, dándote el impulso o la calma que necesitas.

Mantén la posición mientras respiras profundamente, imaginándote envuelto en ese profundo y reconfortante tono granate.

Jade

El jade es la elección perfecta para que los ocupados Acuarios entren en un estado mental relajado, al tiempo que inspira la creatividad y equilibra el trabajo y el ocio.

Coloca una piedra de jade en algún lugar importante para ti de tu espacio vital para fomentar la energía positiva.

Rutina antiestrés diaria

Lunes
Aprovecha tu elemento de aire. Sal a caminar con paso ligero.
Corre, salta y da vueltas con los brazos estirados. Nota la sensación
del aire contra tu piel.

Martes
Calma y revitaliza tu organismo bebiendo un vaso de agua tibia
con unas rodajas de limón.

Miércoles
En una noche despejada, sal al exterior y observa los patrones
de las estrellas. Identifica las constelaciones y admira el universo.

Jueves
Los extravagantes Acuarios tienden a coleccionar cosas. Dedica
diez minutos a ordenar tu escritorio o armario y deshazte de lo que
no necesites.

Viernes
Escucha una pieza musical nueva que no pondrías normalmente.
Cierra los ojos y deja que los sonidos creen imágenes en tu mente.

Sábado
Desconecta de la tecnología durante un día y deja que el mundo
exterior sea tu estímulo.

Domingo
Añade un par de gotas de aceite de enebro a un pequeño cuenco
de agua caliente e inhala el estimulante aroma.

Ritual de amor propio para Acuario

No te encierres en ti misma cuando te sientas decaída, ¡siente tu propio amor y date una cita!

- Haz una lista de lo que realmente te gustaría hacer, desde un baño para mimarte hasta una visita a tu cafetería favorita para tomar un café y un pastel.

- Programa al menos una actividad cada semana como «tu cita contigo misma» y, cuando acabes, márcala como hecha.

- Si pones excusas para no darte el tiempo, recuérdate: «¡Me lo merezco!».

Meditación diaria creativa

Dondequiera que estés, detente y cierra los ojos. Expande tu
atención hasta ver más allá de tu entorno inmediato. Respira
profundamente y estira tu imaginación para llegar aún más
lejos y más alto. Siente cómo tu atención flota hacia arriba
y hacia afuera hasta que tengas una vista de halcón y puedas
ver ante ti una vasta extensión de tierra. Asciende más alto
con cada respiración. Cuando estés lista, regresa al aquí y ahora.
Siente tus pies firmemente apoyados en el suelo, brindándote
equilibrio y sostén.

Lavanda relajante para Acuario

La lavanda tiene un aroma ligero y agradable que suele utilizarse para relajar los músculos, inducir la calma y combatir el insomnio. Es la elección perfecta para los Acuario, que a menudo tienen los nervios de punta.

Para hacer una almohada de lavanda, cose dos cuadraditos de tela dejando una pequeña abertura. Enrolla un trozo de papel en forma de embudo improvisado y úsalo para rellenar la almohada con aromáticas cabezas de flores de lavanda antes de coser la abertura. Colócalo junto a la almohada para tener un sueño reparador.

Momento consciente de calma

Calma tus emociones y encuentra un momento de paz.

Coloca ambas manos sobre el abdomen, justo encima del ombligo. Inspira largamente por la nariz y suelta el aire por la boca. Tómate tu tiempo y mantén el ritmo de la respiración. Siente el calor bajo los dedos y concéntrate en la subida y bajada del vientre. Imagina una luz rosa relajante brotando de cada palma. Inhala para llenar el pecho de energía amorosa; exhala para llenar el resto del cuerpo. Esto te ayudará a relajarte. Sigue concentrándote en respirar la reconfortante energía rosa durante un par de minutos.

Un sueño reparador

Como el Acuario visionario que eres, es probable que sueñes con tu próximo gran descubrimiento. Puede que no quieras desconectar, pero despejar tu mente es la mejor manera de asegurarte un buen descanso nocturno.

- Imagina que tu espacio mental es una cueva llena de pensamientos, ideas y planes.

- Al respirar, ves una abertura en la pared de la cueva.

- Por cada exhalación, imagina que lanzas todos esos pensamientos por la abertura.

- Míralos como hojas de papel que se lleva el viento.

- Continúa dejándolas alejarse con la brisa en cada exhalación profunda.

- Por último, disfruta de la paz y el silencio del espacio cavernoso mientras te duermes.

Piscis

19 de febrero-20 de marzo

Elemento
Agua

Planeta
Neptuno

Estrellas de Piscis
Nina Simone (21 de febrero)
Daniel Craig (2 de marzo)
Lily Collins (18 de marzo)

Mantra
«Acepto cada nueva aventura»

La esencia de Piscis

Piscis, eres una potencia creativa y uno de los signos más imaginativos del zodíaco. Tu cabeza está llena de fantasía, pero eso no significa que no puedas también ser seria. Eres una visionaria muy intuitiva que sabe instintivamente lo que es bueno para ti y para los demás. Este sexto sentido te convierte en la guardiana silenciosa de todos tus seres queridos. Aunque te encanta ayudar, eres muy sensible y puedes sentir el dolor a kilómetros de distancia. Te cuesta distanciarte emocionalmente y puede mermar tu ánimo.

Tu plan de autocuidado

Tu plan tiene que permitir que brille tu sentido de la maravilla, pero también proporcionarte algunas indicaciones clave para que mantengas los pies en la tierra y no pierdas el control. Estos rituales te animan a dar rienda suelta a tu imaginación y a utilizarla de forma positiva para sentirte feliz, realizado y conectado con el entorno. Estos ejercicios fomentan la concentración y la claridad, al tiempo que perfeccionan tu lado intuitivo.

Ritual matutino para levantarte resplandeciente

- Túmbate boca abajo con los brazos a lo largo del cuerpo y las palmas hacia arriba.

- Inspira profundamente y levanta la cabeza, la parte superior del cuerpo, los brazos y las piernas del suelo, sujetándolos con los músculos centrales.

- Si puedes, aguanta treinta segundos antes de relajarte. Si notas tensión en el cuello, levanta alternativamente las piernas y la parte superior del cuerpo.

- Repítelo cinco veces y prolonga la duración de la retención diez segundos más, si te resulta cómodo.

Prescripción de cristales

Absorbes fácilmente las emociones de los demás. Aunque esto te convierte en una gran amiga y consejera, también puede inducirte bajones emocionales cuando te sientes vulnerable y abrumada. Necesitas cristales que te protejan del estrés externo y te mantengan fuerte y centrada.

Hematita

Esta brillante y preciosa piedra te ayudará a resplandecer. Tiene una energía de conexión a tierra, que actúa como un escudo protector y fomenta la fuerza y la positividad.

Sujétala con ambas manos e imagínate envuelta en una cúpula de luz.

Aguamarina

Esta hermosa piedra está asociada al elemento del agua. Equilibra las emociones y calma la mente, por lo que te ayudará a liberarte del dolor y el miedo y a avanzar con confianza.

Colócala junto a la bañera y medita sobre el color de la piedra mientras te bañas.

Rutina antiestrés diaria

Lunes
Conéctate con tu elemento de agua: da un paseo junto al río,
mete los pies en el mar o date un baño.

Martes
Envuelve un cubito de hielo en un paño suave y pásalo por tu frente
y la nuca.

Miércoles
Quema un poco de aceite esencial de geranio para levantarte
el ánimo o añade unas gotas a tu baño.

Jueves
Bebe un vaso grande de agua y concéntrate sólo en
cómo huele, cómo se siente y a qué sabe.

Viernes
Busca una imagen que te guste mucho e imagina que
entras en ella. Deja que tu mente divague y disfruta de la fantasía.

Sábado
Siéntate en un parque cercano con una libreta
y escribe sobre algo que veas.

Domingo
Piensa en dónde te gustaría estar dentro de cinco años. Visualiza,
siente y experimenta ese futuro como quisieras que fuera.

Ritual de amor propio para Piscis

Eres uno de los signos más románticos del zodíaco, pero necesitas centrarte en ti misma en lugar de fijarte siempre en los demás.

- Busca una fotografía tuya que te guste y mírala.

- Imagina que la persona de la fotografía es alguien que conoces y escribe un poema o una descripción para captar su belleza.

- Concéntrate en las cosas que te gustan de la imagen y en las emociones que despierta.

- Conserva el poema y léelo de vez en cuando como recordatorio de tu belleza interior y exterior.

Meditación diaria estimulante

Estás de pie bajo una cascada brillante. A tu alrededor, diminutas gotas de agua caen rodando, descendiendo por la ladera de la montaña, tallando su trayectoria en la roca. Desde tu posición, el agua que cae te cubre por completo: puedes verla fluir, pero permaneces seca. Te das cuenta de que es momento de experimentar este fenómeno por ti misma. Respira profundamente y, al exhalar, déjate llevar por el flujo. Dedos helados de agua rozan tu cabeza mientras ésta te cubre. Suave y energizante, la ducha cae y tú te mantienes en el centro. Tu corazón late con fuerza, tus pulmones beben el aire fresco. ¡Te sientes viva y lista para cualquier cosa!

Melisa mágica para Piscis

Eres intuitiva por naturaleza, pero puedes potenciar este poder y aumentar tu vitalidad utilizando melisa, una hierba vigorizante que levanta el ánimo y también alivia el estómago, al tiempo que favorece la sensación de relajación.

Para hacer una tintura mágica de melisa, pica unos puñados de melisa y ponlos en un tarro pequeño, luego llénalo hasta arriba con vodka. Sella el tarro y guárdalo en un lugar fresco y oscuro durante seis semanas. Luego cuela el líquido en un frasco con cuentagotas. Toma hasta cinco gotas para relajarte y sintonizar con tu intuición.

Momento consciente de equilibrio

Recupera el equilibrio y vuelve al momento presente conectando con los elementos.

Permanece en el exterior en silencio y absorbe la atmósfera. Pon en marcha todos tus sentidos y piensa en lo que ves. ¿Qué aspecto tiene el paisaje y cómo te afecta el tiempo? Si está lloviendo, te puede parecer fresco y vivo. Si hace Sol, puede que veas un precioso cielo azul. A continuación, fíjate en lo que oyes. ¿El viento corre entre los árboles o se oye el suave golpeteo de las gotas de lluvia? ¿Cómo huele y se siente todo? Observa tu estado de ánimo y tu respiración. Conecta con el tiempo y disfruta de esa conexión con los elementos.

Un sueño reparador

Para el soñador Piscis, el sueño no es sólo un momento reparador, sino todo un nuevo reino por explorar. Sueñas casi todas las noches y probablemente recibes ideas mientras duermes. Ocho horas no son suficientes y, si no fuera por tus aventuras diarias, te quedarías felizmente en la cama. Para ti lo más importante es la calidad del sueño, así que un ritual que provoque una relajación profunda es clave.

- Túmbate y asegúrate de que estás cómoda.

- Respira profundamente y cierra los ojos.

- Piensa en un entorno sereno, un lugar donde te sientas tranquila y en paz. Puede ser un lugar real o imaginario.

- Imagínate allí y pon en marcha tus sentidos. ¿Qué puedes ver, oír, oler, saborear, tocar?

- Tómate un momento para disfrutar de este espacio.

- Respira la paz y exhala cualquier tensión.

Sintoniza con tu energía cósmica

Los consejos, sugerencias y rituales de este libro se adaptan a cada signo zodiacal y se basan en sus características y puntos fuertes. Están pensados para ayudarte a diario, tanto si necesitas desestresarte como si necesitas ser creativa o aumentar tu energía.

Cuando hayas leído sobre tu propio signo del zodíaco, recuerda que, aunque seas un ejemplo típico de tu signo en muchos aspectos, también eres único, así que no te limites a un capítulo del libro. Involucra tu imaginación y piensa en las cualidades que necesitas en una situación determinada, luego utiliza la tabla de al lado para guiarte hacia un ritual que te ayude a absorber esa energía. Opta por lo que te haga sentir bien a ti. El práctico Capricornio podría desarrollar las dotes de liderazgo del visionario Aries; el sólido Tauro puede impartir determinación al voluble Géminis.

Ponte a pensar y crea tu propio plan de autocuidado, mezclando y combinando rituales, o dale rienda suelta a tu inventiva y crea tus propias ideas basándote en las sugerencias. Utiliza el poder de los signos del zodíaco para ayudarte a identificar tus habilidades y talentos latentes.

He aquí una guía rápida de la energía cósmica de tu signo, para ayudarte a vivir tu mejor vida.

Signo del zodíaco	Energía	Planeta
Aries	Actividad	Marte
Tauro	Tenacidad	Venus
Géminis	Creatividad	Mercurio
Cáncer	Sensibilidad	Luna
Leo	Audacia	Sol
Virgo	Practicidad	Mercurio
Libra	Equilibrio	Venus
Escorpio	Potencia	Marte
Sagitario	Autonomía	Júpiter
Capricornio	Estabilidad	Saturno
Acuario	Inventiva	Urano
Piscis	Imaginación	Neptuno

Sintoniza con las vibraciones de tu energía cósmica y utiliza estos rituales para aprender a vivir tu mejor vida.

MANAGING DIRECTOR • Sarah Lavelle

COMMISSIONING EDITOR • Stacey Cleworth

EDITORIAL ASSISTANT • Sofie Shearman

SENIOR DESIGNER • Katherine Keeble

ILLUSTRATOR • Eleanor Hardiman

HEAD OF PRODUCTION • Stephen Lang

PRODUCTION CONTROLLER • Sabeena Atchia

Nota de seguridad

Los remedios a base de plantas de este libro no sustituyen el consejo de un profesional de la salud. La fitoterapia es amplia y compleja y debe practicarse con responsabilidad. Muchos productos a base de plantas, incluidos los aceites esenciales, no son recomendables para las mujeres embarazadas, en período de lactancia, personas con alergias, una condición médica, o mientras se toman otros medicamentos, debido a su alta potencia. Consulta a tu médico antes de utilizarlo si tienes alguna duda o pregunta.

Colección Cartomancia y Tarot

RITUALES CÓSMICOS
Alison Davies

Título original: *Cosmic rituals*
1.ª edición: enero de 2026

Traducción: *Juli Peradejordi*
Maquetación: *Isabel Also*
Ilustraciones: *Eleanor Hardiman*

© 2022, Alison Davies, por el texto
© 2022, Eleanor Hardiman,
por las ilustraciones
© 2022, Quadrille
© 2026, Ediciones Obelisco, S.L.
(Reservados los derechos para
la presente edición)

Edita: Ediciones Obelisco, S.L.
Collita, 23-25. Pol. Ind. Molí de la Bastida
08191 Rubí - Barcelona - España
Tel. 93 309 85 25
E-mail: info@edicionesobelisco.com

ISBN: 978-84-1172-343-5

DL B 14158-2025

Printed in China